Onsterfelijk Licht

Sri Mata Amritanandamayi

Advies voor mensen met een gezin

Mata Amritanandamayi Center
San Ramon, Californië, Verenigde Staten

Onsterfelijk Licht
Advies voor mensen met een gezin

Uitgegeven door:
  Mata Amritanandamayi Center
  P.O. Box 613, San Ramon
  CA 94583-0613
  Verenigde Staten

Copyright© 2018 Mata Amritanandamayi Center, San Ramon, Californië, Verenigde Staten.
Niets uit deze uitgave mag worden verveelvoudigd, opgeslagen in een geautomatiseerd gegevensbestand, of openbaar gemaakt, in enige vorm of op enige wijze, hetzij elektronisch, mechanisch, door fotokopieën, opnamen, of op enige andere manier, zonder voorafgaande schriftelijke toestemming van de uitgever.

In Nederland:
  www.amma.nl
  info@amma.nl

In België:
  www.vriendenvanamma.be

In India:
  www.amritapuri.org
  inform@amritapuri.org

Inhoud

Voorwoord	7
Lieve kinderen	10
Het spirituele leven	20
Archana	40
Mantra Japa	49
De tempel	55
De spirituele meester	66
Dienen	71
Karma Yoga	77
Satsang	82
Het eigen huis	84
Een simpele levensstijl	94
Voeding	97
Het huwelijksleven	108
Kinderen opvoeden	115
Vanaprastha	124
Diversen	127
Verklarende woordenlijst	134

Bid oprecht:

God,
laat mij de hele dag aan U denken.
Laat iedere gedachte, woord en daad
mij dichter bij U brengen.
Laat mij niemand in gedachten,
woorden of daden kwetsen.
Wees ieder moment bij me.

—Amma

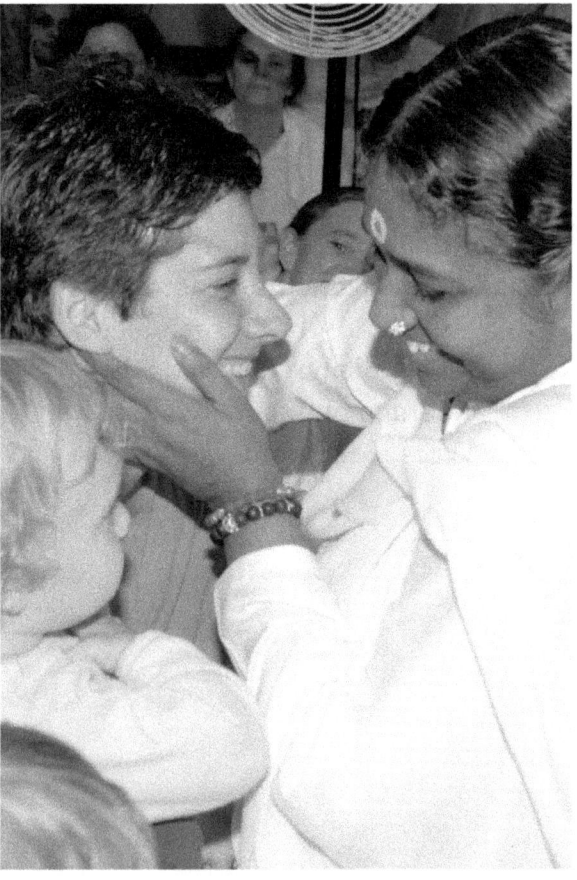

Voorwoord

Er bestaat een eeuwige Waarheid die door de tijd heen onveranderlijk blijft. Het realiseren van deze Waarheid is het doel van het menselijke leven. Van tijd tot tijd verschijnen er grote zielen onder ons om ons bij de hand te nemen en naar die Waarheid te leiden. Deze grote zielen geven ons de boodschap van de geschriften in een stijl die past bij de tijd en de cultuur waarin zij geboren zijn; bovendien voegen zij de zoetheid van hun eigen ervaringen toe.

De mensen van vandaag verdrinken in de oceaan van *samsara* (cyclus van geboorte, dood en wedergeboorte). Amma's woorden laten hun zien hoe zij de kust kunnen bereiken en de nectar van eeuwige gelukzaligheid kunnen proeven. Haar woorden zijn onfeilbare lichten, die degenen die in het duister van een materieel leven rondtasten, het licht van het innerlijke Zelf tonen.

Kijk naar ons leven. We zijn niet alleen het hoogste doel van het leven vergeten, maar we zijn ook de atmosfeer kwijtgeraakt die nodig is voor het verkrijgen van ware Kennis. Om de huidige samenleving, die verstoken van spiritualiteit is, weer wakker te schudden is het essentieel om opnieuw gedragslijnen voor het gezinsleven te formuleren en bepaalde richtlijnen op te stellen die ons naar de realisatie van de Hoogste Waarheid leiden.

Zij die hun leven in overeenstemming met Amma's advies leiden, hoeven niet ver te dwalen op zoek naar geluk. Het geluk zal naar hen op zoek gaan. Met liefdevolle wijsheid heeft Amma haar kinderen eenvoudige regels voor een gelukkig en zinvol gezinsleven gegeven, waarvan spirituele

Voorwoord

oefeningen, anderen dienen en overgave aan God een integraal deel uitmaken.

De lamp die Amma in het innerlijk heiligdom van ons hart aansteekt, zal helder blijven schijnen en onmetelijk toenemen, als we er iedere dag de olie van spirituele oefening aan toevoegen. Laten we tot Amma bidden dat ze ons helpt om onze kleine taak te verrichten bij het brengen van licht in deze tijd, die in duisternis is ondergedompeld.

Lieve kinderen

Het lichaam is niet eeuwig. Het kan ieder moment vergaan. We worden als menselijke wezens geboren na ontelbare andere levens te hebben geleid. Als we dit kostbare leven verspillen door als dieren te leven en een aards bestaan te leiden, glijden we mogelijk af langs de evolutionaire ladder en worden we als dieren herboren, voordat we weer een andere menselijk leven bereiken.

Tegenwoordig zijn de gedachten van mensen gericht op ontelbare verlangens. Maar hoe hard ze ook werken om die verlangens te vervullen, uiteindelijk zullen ze er nooit in slagen ze te bevredigen. Mensen verspillen hun tijd door constant te treuren om hun fouten. Als gevolg hiervan verliezen ze hun gemoedsrust en hun

Lieve kinderen

gezondheid. Gemoedsrust is wat we nodig hebben. Dat is de grootste rijkdom.

Mijn kinderen, denk niet dat je gemoedsrust kunt bereiken door aardse rijkdom. Is het niet zo dat zelfs mensen die in huizen met airconditioning wonen, in deze huizen zelfmoord plegen? In het Westen is er veel materiële rijkdom en er zijn allerlei soorten fysieke gemakken. Toch ervaren mensen zelfs hier geen moment ware rust. Geluk en leed zijn afhankelijk van onze geest en niet van externe zaken. Hemel en hel bestaan hier op aarde. Als we de juiste plaats van ieder materieel object in ons leven begrijpen en daarnaar leven, zal er geen reden m te treuren zijn. De kennis die ons leert hoe we op deze aarde moeten leven en onder alle omstandigheden een vredig bestaan kunnen lijden, is spirituele kennis, de kennis van het beheersen van de geest. Dit is wat we ons boven alles eigen dienen te maken. Als we ons eenmaal bewust worden van de goede en kwade kanten van zaken, kunnen we kiezen voor het pad dat naar eeuwigdurende vreugde leidt. Alleen door te streven naar Zelfrealisatie kunnen we genieten van oneindige gelukzaligheid.

Denk niet dat je geliefden voor altijd bij je zullen zijn. Hooguit zullen zij bij je blijven tot aan je dood. Besef dat het leven niet eindigt na zestig of tachtig jaar in dit lichaam te hebben doorgebracht. Je hebt nog vele meer levens te leiden. Net zoals je geld spaart bij een bank voor de materiële levensbehoeften, moet je ook eeuwige rijkdom vergaren zolang je fysiek en mentaal gezond bent. Dit kun je doen door Gods naam te reciteren en door het verrichten van goede daden.

Lieve kinderen

Wanneer iemand honderd dingen goed doet en slechts één fout maakt, zullen mensen hem verachten en afwijzen. Maar als iemand honderd fouten maakt en slechts één ding goed doet, zal God hem liefhebben en accepteren. Wees daarom alleen verbonden met God. Wijd alles aan God.

Wanneer de kinderen in een gezin eenmaal zijn opgegroeid, getrouwd zijn en in staat zijn voor zichzelf te zorgen, dienen hun ouders hun leven uitsluitend te wijden aan Godsrealisatie en zich bezig te houden met onbaatzuchtig dienen en spirituele oefeningen. Indien mogelijk, dienen de ouders de rest van hun leven in een ashram door te brengen. Noch zijzelf, noch hun gezin hebben er baat bij, wanneer zij zich zorgen blijven maken om hun volwassen kinderen. Wanneer zij hun leven daarentegen richten op een oprecht, spiritueel streven, zullen vele generaties in de familie zowel voor als na hen daar profijt van hebben.

Mijn kinderen, bid tot God met een houding van totale overgave en leef met als enig doel God te leren kennen. Wanneer je je toevlucht zoekt tot God, zul je alles krijgen wat je nodig hebt; je zult niets tekort komen. Als je bevriend raakt met de voorraadbeheerder in de paleiskeuken, ontvang je wellicht een pompoen, maar wanneer je het de koning zelf naar de zin maakt, zal alle rijkdom uit de koninklijke schatkamer je toebehoren. Wanneer je over melk beschikt, kun je tevens yoghurt, karnemelk en boter maken. Op dezelfde wijze zal God, wanneer je je toevlucht bij Hem zoekt, voor zowel je spirituele als je materiële behoeften zorgen. Toewijding

Lieve kinderen

aan God zal voorspoed brengen voor jou en je gezin, en voor de gehele samenleving.

Mijn kinderen, er dient orde en discipline in het leven te zijn. Alleen dan kunnen we genieten van onze innerlijke gelukzaligheid in plaats van afhankelijk te zijn van dingen buiten onszelf. Denk eraan hoe hard mensen werken om een examen te halen of om een geweldige baan te krijgen! Maar wie probeert er daadwerkelijk zichzelf te kennen om de ervaring van oneindige gelukzaligheid te realiseren? Op zijn minst dient de tijd die we hier op aarde nog overhebben, voor dat doel gebruikt te worden. Herhaal voortdurend je mantra. Doe je spirituele oefeningen iedere dag in afzondering op een vast tijdstip. Ga af en toe naar een ashram en breng er wat tijd door met mediteren in stilte en het herhalen van je mantra. Verricht zoveel mogelijk onbaatzuchtig werk voor het welzijn van de wereld als tijd en omstandigheden toelaten.

De wereld is voor haar bestaan afhankelijk van liefde. Als we onze harmonie en ons vermogen om lief te hebben kwijtraken, zal de harmonie in de natuur verloren gaan; de atmosfeer zal vergiftigd raken en zal niet langer bevorderlijk zijn voor het ontkiemen van zaden of voor het behoorlijk groeien van bomen. Oogsten zullen mislukken, ziekten zullen zich vermenigvuldigen, de regenval zal afnemen en er zal droogte heersen. Daarom, mijn kinderen, heb elkaar lief! Wees rechtvaardig, liefdevol en deugdzaam in het belang van de natuur. Dit zal leiden tot harmonie in de natuur. Zie het goede in iedereen. Koester tegenover niemand boosheid of jaloezie en spreek nooit kwaad over anderen. Zie

Lieve kinderen

iedereen als een kind van dezelfde Universele Moeder en heb iedereen lief alsof het je eigen zus of broer was. Geef al je handelingen aan God over en laat de wil van God in alles heersen.

Wanneer iemand het nut van je spirituele levensstijl in twijfel trekt, kun je antwoorden: 'Verlangt niet iedereen ernaar vrede en geluk te ervaren? Ik heb ervaren dat vrede en geluk verkregen kunnen worden door een spiritueel leven te leiden. Dus waarom zou je mijn waarden in twijfel willen trekken? Ben jij ook niet overal op zoek naar geluk? Kijk hoeveel geld je uitgeeft aan luxeartikelen, verdovende middelen en zaken die je niet echt nodig hebt! Waarom zou je dan van streek raken wanneer ik naar een ashram ga of belangstelling heb voor spirituele zaken?' Ontwikkel de kracht om openlijk op deze manier te spreken. Wees niet bang. Wees dapper! Koester je hele leven het geweldige spirituele erfgoed van India.

Het is niet nodig je te schamen voor het leiden van een spiritueel leven. Wees eerlijk en zeg: 'Ik heb dit pad gekozen om spirituele vrede te bereiken. Gewoonlijk proberen mensen vrede en geluk te vinden door een huis te kopen, door te trouwen of door verscheidene banen te hebben. Ik vind vrede en geluk op het spirituele pad. Mijn doel is het bereiken van mentale gemoedsrust en tevredenheid en niet de hemel of verlossing na de dood. Maakt jouw levenswijze het overigens mogelijk om in een vredige en gelukkige toestand te leven?'

Mijn kinderen, als je eenmaal op een boot of in een bus bent gestapt, is het onnodig je bagage nog langer te dragen.

Lieve kinderen

Zet je bagage neer. Geef alles over aan God. Als je leeft met een houding van overgave, zul je vrij van verdriet zijn. God zal altijd over je waken en je beschermen.
—Amma

Het spirituele leven

Iedereen moet proberen om voor vijven 's ochtends wakker te worden. De ideale tijd voor spirituele oefeningen, zoals meditatie en reciteren, is *brahma muburta*, de tijd tussen drie en zes uur 's ochtends. In die tijd overheersen de *sattvische*[1] (zuivere, kalme) eigenschappen van de natuur; de geest is helder en het lichaam energiek. Het is geen goede gewoonte om nog door te slapen na zonsopkomst. Blijf niet in bed liggen als je eenmaal wakker bent, want dit bevordert luiheid en sufheid. Wie niet in één keer het aantal uren slaap kan verminderen, kan dit geleidelijk doen. Iemand die regelmatig spirituele oefeningen doet, heeft niet veel slaap nodig.

---

[1] Zie *sattva* in verklarende woordenlijst

Het spirituele leven

Als je 's ochtends wakker wordt, dien je aan de rechterzijde op te staan. Beeld je in dat je dierbare godheid of spirituele meester voor je staat en buig aan zijn of haar voeten. Je kunt dan op je bed gaan zitten en minimaal vijf minuten mediteren. Bid met een oprecht hart: 'God, laat mij U constant herinneren de hele dag. Laat elke gedachte, ieder woord en iedere daad mij dichter bij U brengen. Laat mij niemand pijn doen met mijn gedachten, woorden of daden. Wees ieder moment bij mij.'

Maak op zijn minst één uur per dag vrij voor spirituele oefeningen. Als iedereen zich 's ochtends heeft gewassen, dient het hele gezin samen te gaan zitten en God te aanbidden. Je kunt de *archana* (het reciteren van de goddelijke namen) beginnen door te mediteren op je spirituele meester en het reciteren van de namen die hem prijzen. Reciteer vervolgens de honderd en acht of duizend namen van de Goddelijke Moeder of van je dierbare godheid. Je kunt op dit tijdstip ook je mantra reciteren, mediteren of hymnen zingen.

Waar je na de archana ook mee bezig bent, probeer altijd de gedachte aan God levendig te houden. Buig naar de grond steeds als je opstaat of gaat zitten. Het is goed om je de gewoonte eigen te maken te denken dat je pen, je boeken, je kleren, je emmers en je gereedschap vervuld zijn van de goddelijke aanwezigheid en alles consequent met liefde en respect te gebruiken. Raak ieder voorwerp met eerbied aan, voordat je het oppakt. Dit helpt je de gedachte aan

Het spirituele leven

God e hele tijd vast te houden. Als anderen je handelingen observeren, zullen ook zij geïnspireerd worden om deze gewoonte over te nemen.

Wanneer we elkaar ontmoeten, dienen we elkaar te begroeten met woorden die ons aan God herinneren, zoals *Om Namah Shivaya*, *Hari Om* of *Jai Ma*. Leer kinderen dit ook te doen. *Om Namah Shivaya* betekent 'Ik buig voor Shiva.' Als we onze hand opsteken en 'Tot ziens' zeggen, geven we aan dat we elkaar gaan verlaten, maar wanneer we onze handpalmen samenbrengen en buigen (*pranam*), komen onze harten dichter tot elkaar.

Maak gebruik van alle vrije tijd die je op je werk of ergens anders krijgt, om je mantra te herhalen en spirituele boeken te lezen. Laat je niet in met onnodig geroddel en probeer met anderen over spirituele onderwerpen te praten. Blijf koste wat kost uit de buurt van slecht gezelschap.

Iedereen die zich aan een dieet houdt, mediteert en regelmatig een mantra herhaalt, zal na verloop van tijd de kracht vinden om een celibataire levenswijze aan te houden. In bepaalde fases van de spirituele oefeningen kunnen aangeboren neigingen (*vasana's*) oplaaien en ervoor zorgen dat wereldlijke verlangens opnieuw duidelijk ontwaken. Mocht dit op een gegeven moment gebeuren, zoek dan raad bij je spirituele meester. Neem je toevlucht tot God

Het spirituele leven

en wees niet bang. Doe gewoon je best en beoefen zoveel mogelijk zelfbeheersing.

Het is een goede gewoonte om iedere dag een dagboek bij te houden, bij voorkeur voordat je naar bed gaat. In je dagboek kun je bijhouden hoeveel tijd je iedere dag aan spirituele oefeningen hebt besteed. Schrijf op een manier die je helpt om je fouten in te zien. Doe vervolgens je best er niet opnieuw in te vervallen. Je dagboek dient niet uitsluitend ter documentatie van andermans fouten of van je dagelijkse bezigheden.

Zit vlak voordat je 's avonds gaat slapen op bed en mediteer minimaal vijf minuten en buig vervolgens neer voor je dierbare godheid of spirituele meester. Wanneer je dit doet, kun je je voorstellen dat je je stevig vasthoudt aan de voeten van je dierbare godheid. Bid met heel je hart: 'O God, vergeef me alle fouten die ik vandaag bewust of onbewust heb begaan en geef me de kracht om niet in herhaling te vervallen.'

Stel je vervolgens voor dat je met je hoofd in de schoot of aan de voeten van je dierbare godheid of meester ligt. Of je kunt je voorstellen dat de godheid naast je zit. Laat je langzaam in slaap vallen terwijl je in gedachten je mantra reciteert. Door dit te doen blijft het bewustzijn van de mantra ononderbroken tijdens het slapen. Leer je kinderen deze gewoonte aan. Je dient hen ook te leren om op regelmatige tijden op te staan.

Het spirituele leven

Het is zeer bevorderlijk om twee uur stilte in acht te nemen. Als je één dag per week stilte kunt bewaren, zal dit je spirituele vooruitgang sterk bevorderen. Je kunt je afvragen: 'Maar is mijn hoofd niet bezig met talloze gedachten, ook al houd ik uiterlijk stilte in acht?' Denk aan water dat is opgeslagen in een dam. Zelfs wanneer er golven in het water zijn, gaat er geen water verloren. Op dezelfde wijze zal, wanneer je in stilte bent, ieder verlies van energie zeer gering zijn, ook al gaan de gedachten in je hoofd misschien gewoon door. Het is door praten dat we veel van onze vitale kracht verliezen. De levensduur van een duif die altijd koert is kort, terwijl de zwijgende schildpad een lang leven beschoren is. Het reciteren van de namen van God staat de gelofte van stilte echter niet in de weg. *Maunam* (stilte) in acht nemen betekent het vermijden van alle wereldlijke gedachten en gesprekken.

Een spiritueel aspirant heeft geen tijd om te roddelen en ook wil hij zich niet negatief over iemand uitlaten. Zij die zich altijd bezighouden met het zoeken naar fouten, zullen nooit spiritueel vooruitgaan. Doe niemand pijn door gedachten, woorden of daden. Heb compassie met alle wezens. *Ahimsa* (geweldloosheid) is de hoogste vorm van *dharma* (rechtvaardigheid).

Toon eerbied voor alle grote meesters en alle *sannyasis* (monniken). Ontvang ze met het juiste respect wanneer zij je huis bezoeken. Je zult hun zegeningen niet ontvangen door traditionele rituelen en zeker niet

Het spirituele leven

door vertoon van pracht en praal, maar door nederigheid, vertrouwen en devotie.

Luister niet naar mensen die kwaadspreken over spirituele meesters of *mahatma's* (gerealiseerde zielen). Luister nooit en meng je niet in neerbuigend gepraat over anderen. Wanneer je negatieve gedachten ver anderen hebt, wordt je geest onzuiver.

Maak iedere dag tijd vrij voor het lezen van spirituele boeken, want dat is immers ook een vorm van *satsang* (heilig gezelschap). Zorg ervoor dat je een boek over de leer van je meester of een boek zoals de *Bhagavad Gita,* de *Ramayana,* de Bijbel of de Koran tot je beschikking hebt om dagelijks in te lezen. Wanneer je tijd hebt, kun je ook andere spirituele boeken lezen. Het lezen van de biografieën en de leer van grote meesters helpt je om het streven naar onthechting te versterken en de spirituele principes makkelijk te begrijpen. Het is een goede gewoonte om aantekeningen te maken tijdens het lezen van een boek en bij het luisteren naar lezingen. Je zult later profijt hebben van je aantekeningen.

Mijn kinderen, bid voor het welzijn van iedereen. Bid tot God dat Hij degenen die je pijn willen doen, zegent en dat hij ze in positieve zin zal veranderen. Het is moeilijk rustig te slapen wanneer er een dief in de buurt is. Wanneer je bidt voor het welzijn van anderen, zul jij degene zijn die daardoor innerlijke rust vindt. Reciteer elke dag de mantra *Om lokah samastah*

sukhino bhavantu (Moge de hele wereld gelukkig zijn) voor vrede in de wereld.

Laat je leven stevig in de waarheid verankerd zijn. Vertel geen leugens. In deze *kali yuga* (het donkere tijdperk) is trouw aan de waarheid zijn de grootste deugd. Je zult misschien zo nu en dan een leugen moeten vertellen om iemand te beschermen of om *dharma* te behouden, maar let erop geen leugens te vertellen in je eigen zelfzuchtige belang.

Je hart is als een altaar en daar dient God geplaatst te worden. Goede gedachten zijn de bloemen die je offert aan God, goede daden zijn de aanbidding, vriendelijke woorden zijn de lofzang en liefde is het offeren van heilig eten.

In meditatie zitten met gesloten ogen is niet voldoende. Voer je handelingen uit met een houding van aanbidding. Je moet in staat zijn Gods aanwezigheid overal te ervaren. Dat is ware meditatie.

Maak weloverwogen gebruik van radio, televisie en films. Kijk of luister alleen naar de programma's die je kennis en bewustzijn van cultuur vergroten. Televisie is *tele-visham* (visham betekent 'vergif' in het Malayalam). Als we niet voorzichtig zijn, tast het onze cultuur aan; we verspillen onze tijd ermee en beschadigen ook onze ogen.

Het spirituele leven

Wat mensen nodig hebben is gemoedsrust. Dat kan alleen bereikt worden door controle over de geest te krijgen.

We dienen de fouten van anderen te vergeven en te vergeten. Boosheid is de vijand van iedere spirituele aspirant. Boosheid zorgt voor verlies van kracht door elke porie van ons lichaam. Zodra de geest in de verleiding wordt gebracht om boos te worden, moeten we hem in bedwang houden en daadkrachtig 'Nee!' tegen onszelf zeggen. We dienen dan naar een afgelegen plek te gaan en onze mantra te reciteren. Op deze manier komt onze geest vanzelf tot rust.

Degene die niet getrouwd zijn, dienen hun vitale energie te bewaren door celibatair te blijven. Om de energie die je op deze manier verkrijgt om te zetten in *ojas* (een subtielere vorm van vitale energie) moet je spirituele oefeningen doen. Met de toename van *ojas* zullen tevens je intelligentie, geheugen, gezondheid en schoonheid toenemen en de geest zal constant geluk ervaren.

Vooruitgang is niet mogelijk zonder discipline. Een natie, instelling, gezin of individu kan alleen vooruitgaan door de woorden van degene die respect verdienen in acht te nemen en door de aangewezen regels en voorschriften te gehoorzamen. Gehoorzaamheid is geen zwakte.

Het spirituele leven

Gehoorzaamheid en nederigheid leiden tot discipline.

Een zaadje moet eerst onder de grond gaan voordat de potentiële vorm van de plant gestalte kan krijgen. Alleen door bescheidenheid en nederigheid kunnen we groeien. Trots en hoogmoed zullen ons enkel verwoesten. Wees liefhebbend en vol compassie, met de vastberadenheid dat je ieders dienaar bent. Dan zal het hele universum voor je buigen.

Welke zin heeft het leven, als we niet op zijn minst één uur, van de vierentwintig uur op een dag, vrij kunnen maken om aan God te denken? Bedenk eens hoeveel tijd je besteedt aan televisie kijken, de krant lezen, kletsen en andere nutteloze dingen. Mijn kinderen, als jullie het echt willen, kunnen jullie beslist een uur per dag vrijmaken voor spirituele oefeningen. Dit dient beschouwd te worden als het meest waardevolle moment van de dag. Als het je niet lukt om één aaneengesloten uur vrij te maken, neem dan een half uur in de ochtend en weer een half uur in de avond.

Meditatie bevordert je vitaliteit en versterkt je intelligentie; je wordt er mooier van en de helderheid van je geest en je gezondheid verbeteren. Je ontwikkelt het geduld en de kracht om ieder probleem in het leven onder ogen te zien. Dus, mediteer! Alleen door meditatie zul je de schat vinden waar je naar op zoek bent.

Het spirituele leven

Dagelijks de *suryanamaskara* (zonnegroet) of andere yogahoudingen doen is erg goed voor je gezondheid en spirituele oefeningen. Gebrek aan goede oefeningen is de oorzaak van veel hedendaagse ziektes. Indien mogelijk, ga dan lopen in plaats van de auto of de bus te nemen. Gebruik alleen een voertuig wanneer je ver moet reizen. Gebruik een fiets indien mogelijk. Op deze manier bespaar je ook geld.

Mijn kinderen, bezoek zo nu en dan weeshuizen, ziekenhuizen en de huizen van de armen. Bezoek mensen die arm, ziek of in nood zijn. Neem je gezin met je mee. Bied hulp aan degenen die het nodig hebben en zorg voor hun welzijn. Een woord vol liefde en bezorgdheid biedt degenen die lijden meer troost dan welk geldbedrag ook en bovendien verruimt het je hart.

Probeer om op zijn minst twee of drie dagen per maand in een *ashram* door te brengen. Enkel het inademen van de zuivere lucht zal je lichaam en geest versterken. Je batterij zal zodanig worden opgeladen dat je ook na thuiskomst door wilt gaan met het herhalen van je mantra en met mediteren.

Liefde dient de basis van alle gewoontes en rituelen te zijn. Enkel handelingen, zonder de juiste houding, zijn zinloos. Alles dient gedaan te worden met nederigheid, toewijding en een zuiver motief. Om ware discipline te ontwikkelen dien je nederig

Het spirituele leven

en gehoorzaam te zijn. Nederigheid en gehoorzaamheid zijn als smeerolie voor een machine. Een machine laten draaien zonder hem te smeren, zal hem vernielen.

Archana

Het reciteren van de goddelijke namen

In de ochtend dient het gezin, na het wassen, samen te zitten en *archana* te doen. Als het niet iedereen lukt om samen te komen, is het voldoende om *archana* individueel te doen. Als de omstandigheden het niet toelaten om je helemaal te wassen, was dan in ieder geval je handen en gezicht. Maar onderbreek nooit je dagelijkse *archana*-routine.

Sommige vrouwen ervaren meer negatieve gedachten tijdens hun maandelijkse periode. Het is daarom des te belangrijker om in deze periode de mantra te reciteren. In India is het gebruikelijk dat vrouwen tijdens hun menstruatie niet deelnemen aan

Archana

gemeenschappelijke aanbidding. Ze kunnen apart zitten en hun mantra reciteren of *archana* individueel doen. Er zijn mensen die geloven dat vrouwen de duizend namen van de Goddelijke Moeder (de *Lalita Sahasranama*) niet zouden mogen reciteren in deze periode, maar Amma kan je verzekeren dat een vrouw geen enkele fout begaat door dit te doen. De Goddelijke Moeder heeft alleen oog voor de taal van het hart.

Zo goed als mogelijk dient niemand in huis tijdens de *rchana* te slapen. Als je je slaperig voelt tijdens het gebed, sta dan op en ga verder. Vergeet niet dat je dierbare godheid in een subtiele vorm aanwezig is wanneer je *archana* uitvoert. Het is niet netjes om op te staan en weg te gaan of over andere zaken te praten tijdens het reciteren.

Het kan helpen om een foto van je dierbare godheid voor je te plaatsen tijdens de *archana*. Mediteer vijf minuten voordat je met het gebed begint. Visualiseer je dierbare godheid duidelijk van top tot teen en dan opnieuw van onder naar boven. Je kunt je voorstellen dat de godheid vanuit de lotus van je hart verschijnt en voor je komt zitten op een speciale plek. Stel je bij het reciteren van iedere mantra voor dat je bloemen offert aan de heilige voeten van je godheid. Visualiseer in je hart een boom in volle bloei en beeld je in dat je witte bloemen van deze boom plukt en ze aan de godheid offert. Indien er geen echte bloembladeren beschikbaar zijn, dan kun je de *archana* uitvoeren met deze denkbeeldige bloemen van het hart. Dit soort bloemen, die met devotie geofferd worden, zijn God het dierbaarst. De bloemen van het hart bestaan uit onze nederigheid, devotie en houding van overgave.

Waar we het meest aan gehecht zijn, wat ons het dierbaarst is, dat dienen we aan God te offeren. Geeft een moeder haar kinderen niet het allerbeste?

Het doen van simpele *pranayama* (ademhalingsoefeningen) voor de *archana* helpt ons om ons beter te kunnen concentreren. Zit rechtop, doe het rechter neusgat dicht en adem in door het linker neusgat; sluit dan het linker neusgat en adem uit door het rechter neusgat. Adem nu in door het rechter en adem uit door het linker. Dit is één ronde van *pranayama*. Je kunt drie rondes doen. Als je inademt, beeld je je in dat je wordt gevuld met goede eigenschappen; beeld je bij het uitademen in dat al je onwenselijke eigenschappen, slechte gedachten en negatieve *vasana's* (aangeboren neigingen) je in de vorm van duisternis verlaten.

In plaats van bloemen kun je ook *akshata* (een mengsel van heel graan en ongepelde rijst, gewassen en gedroogd, met een snuifje kurkumapoeder) gebruiken voor de *archana*. Dit kan na de *archana* verzameld worden en worden gekookt met rijst of andere granen.

Archana

Wanneer je *archana* in een groep doet, kan één persoon de mantra's één voor één reciteren, terwijl de anderen ze herhalen. Reciteer iedere mantra langzaam, helder en met devotie. In het begin kan het zijn dat niet iedereen iedere mantra van de *Lalita Sahasranama* duidelijk kan herhalen. In dat geval kan iedereen de namen met één mantra beantwoorden. Bij de *Lalita Sahasranama* is deze mantra: *Om Parashaktyai Namaha* of *Om Shivashaktyaikya Rupinyai Namaha.*[2]

Sta niet direct op wanneer je klaar bent met de *archana*. Breng je dierbare godheid in gedachten terug van de plaats voor je

---

[2] Wanneer je *archana* doet met het reciteren van Amma's 108 namen, is het antwoord: 'Om Amriteshwaryai Namaha.'

naar de plek in je hart. Visualiseer de vorm van de godheid in je hart en mediteer een tijdje. Indien mogelijk, dan is het goed om twee of drie *kirtans* (devotionele liederen) te zingen. Wanneer een patiënt een injectie krijgt, kan hem gevraagd worden om een paar minuten te rusten zodat het medicijn zich door het lichaam kan verspreiden. Op dezelfde manier dien je, om optimaal te kunnen profiteren van de mantra's die je hebt gereciteerd, je gedachten even kalm te houden nadat je de verering hebt voltooid.

Buig neer aan het einde van de *archana*. Sta dan op, blijf op dezelfde plek staan en draai drie keer rond met de klok mee. Buig opnieuw en zit en mediteer vervolgens even.

Archana

De bloemblaadjes die gebruikt zijn voor *archana*, kunnen onder een basilicumplant of een andere heilige plant of in een rivier worden gelegd of ergens in de tuin worden begraven waar ze niet kunnen worden vertrapt.

Wanneer je de duizend namen van de Goddelijke Moeder iedere dag met devotie reciteert, zul je spiritueel groeien. Een gezin dat de *Lalita Sahasranama* iedere dag met devotie reciteert, zal nooit gebrek hebben aan eten, kleding of andere levensbehoeften.

Beschouw iedere naam die je tijdens de *archana* reciteert als de naam van je dierbare godheid. Beeld je in dat Hij of Zij degene is die in alle verschillende vormen verschijnt. Wanneer je Geliefde godheid Krishna is, beeld je dan tijdens het reciteren van de duizend namen van de Goddelijke Moeder in, dat Krishna voor je is verschenen in de vorm van Devi. Denk niet dat het Krishna niet aanstaat wanneer je de namen van de Goddelijke Moeder reciteert. Zulke verschillen bestaan alleen voor jou, maar niet voor God.

Mantra Japa

Een mantra herhalen

In het huidige donkere tijdperk van materialisme is het constant herhalen van een mantra de gemakkelijkste manier om innerlijke zuiverheid en concentratie te verkrijgen. Je kunt je mantra altijd en overal herhalen, zonder voorschriften voor de zuiverheid van lichaam of geest in acht te nemen. Het kan gedaan worden bij het uitvoeren van iedere taak.

Mantra japa en meditatie dienen dagelijks zonder uitzondering beoefend te worden. Alleen wanneer de mantra regelmatig wordt gereciteerd, zal deze een positief effect hebben. Een boer kan onmogelijk zijn oogst binnenhalen door alleen maar boeken over landbouw te lezen; hij dient de kennis om te zetten in daden. Alleen door te werken kan hij een gewas krijgen.

Het voornemen je mantra een aantal keren per dag te herhalen zal de gewoonte om de mantra te reciteren bevorderen. Het is nuttig om een *mala* (rozenkrans) te gebruiken bij het herhalen van de mantra. Een *mala* kan zijn gemaakt van 108, 54, 27 of 18 kralen van rudraksha, tulasi, sandelhout, kristal of edelsteen met één *meru* (hoofdkraal). Neem je voor om iedere dag een bepaald aantal mantra's te reciteren. Probeer om iedere moment dat je wakker bent, in gedachten je mantra te herhalen, ook wanneer je aan het werk bent of reist. Het is altijd raadzaam om een mantra te ontvangen van een *satguru* (gerealiseerde meester). Tot die tijd kun je een mantra van je dierbare godheid gebruiken: enkele voorbeelden zijn: *Om Namah Shivaya, Om Namo Narayanaya, Hare Rama Hare Rama Rama Rama Hare Hare, Hari Om, Om Parashaktyai Namaha, Om Shivashaktyaikya Rupinyai Namaha, Soham*, of de namen van Christus, Allah of Boeddha.

Probeer om het herhalen van je mantra geen enkel moment te onderbreken; herhaal de mantra onophoudelijk, wat je ook doet. Aanvankelijk kan het lastig zijn om de mantra in gedachten te herhalen; herhaal je mantra daarom in het begin zachtjes door hem constant te mompelen door je lippen te bewegen (als een vis die naar lucht hapt). Als je je mantra blijft herhalen, zul je niet betrokken raken in zinloos gepraat tijdens het werk en zal je geest altijd kalm zijn. Hedendaagse ziekten zijn voornamelijk psychosomatisch. *Mantra japa* zal zowel lichaam als geest gezond maken.

Wanneer het niet mogelijk is om je mantra te herhalen terwijl je bepaald werk doet, bid dan voordat je aan het werk gaat: 'God, zegen mij alstublieft, zodat ik dit werk kan doen op een manier die U behaagt'. Bid opnieuw tot God wanneer je klaar bent met je werk en vraag Hem je te vergeven voor fouten die je misschien hebt begaan.

Bedenk hoe fanatiek je naar je geld op zoek zou gaan als je het onder het reizen zou verliezen! Op dezelfde wijze zou het pijnlijk voor je moeten zijn wanneer je je mantra ook maar even niet kan herhalen. Je zou verdrietig moeten zijn en bidden: 'Oh God, ik heb zoveel tijd verloren!' Wanneer je dat gevoel van noodzaak en pijn hebt, zal dat de tijd die je hebt verloren compenseren.

Het is een goede gewoonte om dagelijks minimaal een pagina vol te schrijven met je mantra. Veel mensen krijgen een betere concentratie door te schrijven dan door te reciteren. Probeer om ook kinderen de gewoonte van het reciteren en het netjes opschrijven van een mantra aan te leren. Dit zal hen tevens helpen hun schrijfvaardigheid te verbeteren. Er dient met zorg te worden omgegaan met het boek waarin de mantra is opgeschreven; het dient zorgvuldig te worden bewaard in de meditatie- of gebedsruimte.

De tempel

De tempel is een plek waar de herinnering aan God wordt opgewekt, in ieder geval voor even, zelfs bij degenen die zich normaal gesproken meer bezig houden met wereldlijke zaken. We mogen echter niet ons hele leven aan tempelrituelen gebonden blijven. Het is niet voldoende om gewoon een tempel te bezoeken. We moeten proberen om de hele dag onze gedachten bij God te houden met *mantra japa* en meditatie op vaste tijden. Als we God niet stevig in ons hart verankeren, zal zelfs een leven lang van verering in tempels ons geen goed doen.

Ga niet met lege handen naar een tempel of een spirituele meester. Offer iets als symbool van je overgave, ook al is het maar een bloem.

Er is een groot verschil tussen het offeren van een bloemenkrans die in de winkel is gekocht en het offeren van een krans die van bloemen uit je eigen tuin is gemaakt. Als je bloemen met dit doel plant, zul je bij het water geven, het plukken en bij het maken van de krans en het meebrengen naar de tempel alleen nog maar aan God denken. God accepteert alles wat je Hem met liefde offert. Wanneer we een bloemenkrans in de winkel kopen en deze bij de godheid omdoen is het niets meer dan een ceremoniële handeling; een eigen gemaakte krans daarentegen is een offer uit ware liefde en devotie.

De tempel

Wanneer je naar de tempel gaat, haast je dan niet voor *darshan* (het zien van de godheid). Maak niet alleen maar een offer om vervolgens snel weer naar huis te gaan. Je dient even rustig en geduldig te blijven staan en te proberen je dierbare godheid in je hart te visualiseren. Indien mogelijk, zit en mediteer dan. Denk eraan om bij elke stap je mantra te herhalen.

Amma zegt niet dat gebed en offers onnodig zijn, maar alleen dat van alle dingen die je God kunt geven, God het offer van je eigen hart het meest waardeert.

Een offer aan een tempel of aan de voeten van een spirituele meester wordt niet gegeven omdat God of de meester rijkdom of iets anders nodig heeft. Een waar offer is het overgeven van je eigen geest en intellect. Hoe doe je dit? Op zichzelf kun je je geest niet offeren; je kunt alleen datgene waaraan de geest gehecht is offeren. Vandaag de dag kan je geest erg gebonden zijn aan geld en wereldlijke zaken. Door deze dingen aan God over te geven, offer je je hart aan God. Dit is de gedachte achter het schenken aan goede doelen.

Er zijn mensen die geloven dat Shiva alleen te vinden is in Varanasi en Krishna alleen in Vrindavan. Denk niet dat God beperkt is tot de vier muren van een tempel of een bepaalde plek. Hij is alomtegenwoordig en almachtig. Hij kan iedere vorm aannemen die Hij kiest. Je moet je dierbare godheid in alles kunnen zien. Ware devotie

De tempel

betekent dat je de godheid niet alleen in een tempel kunt ervaren, maar in ieder levend wezen, en dat je iedereen op die wijze kunt dienen. Als je dierbare godheid Krishna is, dan moet je Krishna overal kunnen ervaren, in iedere tempel, of het nu een Shivatempel of een Devitempel is. Mijn kinderen, denk niet dat Shiva boos zal zijn als je Hem niet in een Shivatempel aanbidt; of dat de Goddelijke Moeder je niet zal zegenen, als je Haar niet in een Devitempel prijst. Dezelfde persoon wordt 'echtgenoot' genoemd door zijn vrouw, 'vader' door zijn kind en 'broer' door zijn zus. Je kunt je afvragen, 'Zal Keshava antwoorden als ik hem Madhava noem?'[3] Maar hier roep je geen gewoon persoon; je richt je tot de alwetende Heer. Een

---

[3] Keshava en Madhava zijn twee van Krishna's vele namen.

persoon verandert niet, wanneer hij met verschillende namen wordt aangesproken. Op dezelfde manier zijn alle goddelijke namen de namen van het ene Goddelijke Opperwezen. Hij kent jouw geest. Hij weet dat je Hem roept, ongeacht de naam die je gebruikt.

Je kunt de tempel bezoeken, eerbiedig om het allerheiligste heen lopen en je gift in de donatiedoos doen; maar als je vervolgens op weg naar buiten nors doet tegen een bedelaar bij de deur, waar is dan je devotie? Het is onze plicht tegenover God om vol compassie met de armen te zijn. Amma zegt niet dat je aan iedere bedelaar die voor een tempel zit, geld moet geven, maar veracht ze niet. Bid voor hen. Zodra je aversie voelt tegen iemand, wordt je geest onzuiver. Iedereen gelijkwaardig liefhebben, dat is God.

Festivals in tempels worden gehouden voor de spirituele en culturele bewustwording van de mensen. Tegenwoordig dienen de programma's rondom de tempelfestivals zelden dat doel. De programma's die op het tempelterrein worden georganiseerd, dienen de spiritualiteit in de mensen te versterken. De atmosfeer in de tempel dient levendig te zijn met het reciteren van de goddelijke namen. Zodra we de binnenplaats van de tempel betreden, dienen we een eind te maken aan al het zinloze geklets. Onze gedachten dienen volledig op God gericht te zijn. Het is de verantwoordelijkheid van mensen met een gezin om er alles aan te doen de heiligheid van de tempels te herstellen. Wie zich zorgen maakt over zijn spirituele nalatenschap, dient nauw samen te werken met de tempelcomités om een oplossing te vinden voor de erbarmelijke situatie van tegenwoordig.

Veel priesters en andere medewerkers van de tempel werken voor een salaris. Veroordeel niet het gehele geloof op basis van de tekortkomingen van zulke mensen. Het is onze verantwoordelijkheid om de juiste atmosfeer te creëren, zodat niemand in de verleiding wordt gebracht het verkeerde pad op te gaan. Zij die onbaatzuchtig dienen en ondertussen hun leven wijden aan het bereiken van de ultieme staat van eenheid met God, zijn het ware leidende licht van religie.

De tempel

Het zijn de mensen die de tempelbeelden vullen met kracht. Als er niemand is die de steen bewerkt, kan die ook geen beeld worden; als er niemand is om het beeld in de tempel neer te zetten, dan kan het ook niet worden gezegend; en als mensen het beeld niet aanbidden, kan de kracht die er vanuit gaat, ook niet groeien. Zonder menselijke inspanning zouden er ook geen tempels zijn. Maar een tempelbeeld dat is ingezegend door een ware spirituele meester die eenheid met God heeft bereikt en daardoor gelijk is aan God, heeft een zeer bijzondere kracht.

In vroeger tijden bestonden er geen tempels. Er was alleen de lijn van kennisoverdracht tussen gurus en leerlingen. Bidden in tempels is bedoeld voor gewone mensen. We leren blinde kinderen om braille te gebruiken. Je kunt je afvragen waarom we dit doen; waarom onderwijzen we ze niet gewoon op dezelfde manier als alle andere kinderen? Dit is simpelweg niet mogelijk, want wie niet kan zien, heeft een andere manier van leren nodig die bij hem past. Op dezelfde manier hebben mensen in deze tijd een tempel nodig om te bidden en hun gedachten op God te richten.

Het is onnodig om grote, nieuwe torens te bouwen om de heiligheid van een tempel te herstellen. De aandacht dient te liggen op het regelmatig volgens de traditie uitvoeren van de eredienst, *satsang* (spirituele verhandelingen), devotionele liederen en dergelijke. Het is het geloof en de devotie

De tempel

van de mensen die de atmosfeer van de tempel vullen met spirituele energie, niet de rituelen of ceremonies. Denk hieraan wanneer je betrokken bent bij activiteiten in de tempel.

De spirituele meester

Ashrams en *gurukula's* zijn de pilaren van onze Indiase spirituele cultuur. Als we spirituele oefeningen doen volgens de aanwijzingen van een *satguru,* hoeven we nergens anders meer heen te gaan. Alles wat we nodig hebben, zullen we van de meester krijgen.

We zullen ons alleen spiritueel ontwikkelen, wanneer we de spirituele meester als een manifestatie van God zien. Accepteer niemand als je meester totdat je er volledig van overtuigd bent dat hij of zij eerlijk en oprecht is. Maar wanneer we eenmaal iemand als meester hebben gekozen, dienen we ons volledig aan hem over te geven. Alleen dan is spirituele vooruitgang mogelijk. Devotie voor een meester betekent volledige overgave aan hem of haar.

Met uitzondering van enkele zeldzame individuen die zijn geboren met een heel sterke spirituele aanleg, die ze in eerdere levens verkregen hebben, is Zelfrealisatie voor niemand mogelijk zonder de genade van een ware meester. Zie de meester als een manifestatie van God in deze wereld. Neem ieder woord van hem aan als een bevel en gehoorzaam hem onvoorwaardelijk. Dit is ware dienst aan de meester en het is de grootste vorm van ascese. De zegeningen van de meester zullen spontaan stromen naar de leerling die gehoorzaam is.

De ware meester is niet beperkt tot het lichaam. Wanneer je onbaatzuchtig van je meester houdt, dan zul je hem niet alleen in zijn lichaam kunnen zien, maar overal in de wereld, in ieder levend wezen en in ieder levenloos object. Leer om ieder individu te zien als een levende vorm van de meester en dien hen in overeenstemming daarmee.

De ashram is Amma's lichaam. Wanneer je iets voor de ashram doet, dan doe je dat voor Amma. De ashram is niemands privé-eigendom; het is een middel om vrede en harmonie te scheppen voor de gehele wereld.

De spirituele meester

Degenen die een mantra van Amma hebben ontvangen, dienen een gedisciplineerd en ordelijk leven te lijden. Zij dienen iedere slechte gewoonte, zoals drugs, roken en drinken, op te geven. Ze dienen celibatair te blijven tot aan het huwelijk en wanneer zij eenmaal getrouwd zijn, dienen zij hun leven te blijven leiden volgens Amma's advies.

Mijn kinderen, jullie dienen je spirituele meester alles te vertellen; houd niets geheim voor hem. De leerling dient voor de meester dezelfde liefde en genegenheid te voelen als een kind voor zijn moeder. Alleen dan zal de leerling spirituele vooruitgang maken.

Onsterfelijk Light

Amma ervaart iedereen als Haar eigen kind. In Amma's ogen is geen enkele tekortkoming van Haar kinderen ernstig. Maar aangezien Amma tevens als guru beschouwd wordt, is het belangrijk voor de vooruitgang van de leerlingen dat zij zich gepast gedragen. Amma zal alle fouten van haar kinderen vergeven; maar er zijn bepaalde natuurwetten, zoals karmische wetten, die ervoor zorgen dat mensen gestraft worden voor hun zonden. Beschouw iedere ervaring van verdriet en van lijden als bevorderlijk voor je spirituele groei.

Dienen

Vereenvoudig je levensbehoeften en gebruik het geld dat je daardoor bespaart voor goede doelen. Het is goed om bij te dragen aan liefdadigheidsprojecten. Je kunt bijvoorbeeld geld schenken voor de publicatie van spirituele boeken. De boeken kunnen dan voor een lagere prijs worden verkocht, zodat ook mensen met weinig geld de mogelijkheid hebben om die te kopen. Op deze manier kunnen we helpen om spirituele waarden onder de mensen te bevorderen.

Probeer om op zijn minst één uur per dag te besteden aan het dienen van anderen. Net zoals het voedsel dat we eten het lichaam voedt, voedt onbaatzuchtig dienen de ziel. Als je niet de tijd hebt om dit iedere dag te doen, maak dan op zijn minst een paar uur per week vrij om wat waardevol werk voor anderen te doen.

Het is niet goed om geld te geven aan bedelaars. Geef hen daarvoor in de plaats eten en kleding. Ze kunnen het geld dat je geeft misbruiken en er alcohol en drugs van kopen. Geef ze niet de kans om die fout te begaan. Probeer om hen niet als bedelaars te zien maar als God. Dank God dat Hij je de mogelijkheid geeft om Hem op deze manier te dienen.

Het is beter om een bedelaar helemaal niets te geven dan hem bedorven eten op een vies bord te geven. Geef nooit iets met minachting. Liefdevolle woorden en daden zijn de meest waardevolle giften.

Het is gunstig om ceremonies in een tempel of in een ashram te houden bij een mijlpaal in het leven, bijvoorbeeld bij het geven van een naam aan een kind, bij het eten van het eerste vaste voedsel, aan het begin van het eerste schooljaar of bij het trouwen. Bij zulke gelegenheden kan er voedsel en kleding aan de armen worden gegeven. De kosten voor een bruiloft dienen tot een minimum beperkt te worden. Het geld dat overblijft, kan in plaats daarvan gebruikt worden voor de huwelijkskosten van een arm meisje of het onderwijs van een kind.

Onthechting dient een onderdeel van ons leven te vormen. Als je gewend bent om ieder jaar tien paar nieuwe kleren te kopen, koop dan één paar kleren minder dit jaar en volgend jaar twee paar minder. Zo verklein je je garderobe tot niet meer dan wat je werkelijk nodig hebt. Het geld dat tien mensen op deze manier besparen kan gebruikt worden om een huis te bouwen voor een gehandicapt of arm persoon (in India). Dit kan de begunstigde op zijn beurt stimuleren om zich tot spiritualiteit te wenden. Ook anderen zullen veranderen wanneer ze je onbaatzuchtige en deugdzame manier van leven zien. Bezuinig op luxe producten, niet alleen op kleding maar ook op al het andere en gebruik het geld dat je hiermee bespaart voor goede doelen.

Dienen

Zet een gedeelte van je inkomen opzij om anderen te helpen. Indien het niet mogelijk is om direct geld te geven aan mensen in nood, dan kan het geschonken worden aan een ashram of spirituele organisatie die gericht is op liefdadigheidswerk. Je zou bijvoorbeeld een spirituele publicatie beschikbaar kunnen stellen voor openbare bibliotheken, waaronder school- en universiteitsbibliotheken. Je onbaatzuchtigheid en compassie zullen niet alleen anderen helpen, maar tevens je eigen geest verruimen. Wie een bloem plukt om die te offeren, is de eerste die van de geur en schoonheid van de bloem geniet. Op gelijke wijze helpen onze onbaatzuchtige daden de Geest in ons te ontwaken. Onze adem, overgoten met positieve gedachten, zal anderen en de gehele natuur ten goede komen.

Als je de wereld onbaatzuchtig dient, dien je Amma zelf.

Karma Yoga

De weg van het handelen

Hoe hoog je positie in het leven ook mag zijn, heb altijd de houding dat je slechts een dienaar van je medemens bent. Bedenk dat God je in een gunstige positie heeft geplaatst als een mogelijkheid om anderen in nood te helpen. Nederigheid en bescheidenheid zullen dan spontaan in je hart opkomen. Als je werkt met de houding dat je God dient, dan is je werk een spirituele oefening. Wees vriendelijk en liefdevol tegenover iedereen op je werk, zowel tegen meerderen als ondergeschikten. Hoe jij anderen behandelt, is bepalend voor de manier waarop de wereld jou zal behandelen.

Wanneer een meerdere je op je donder geeft, zie dit dan als een kans die God je geeft om van je ego af te komen en verwerp vijandige gevoelens die mogelijk in je opkomen. Zorg er omgekeerd voor dat je geen boosheid of afkeer in je op laat komen wanneer je te maken hebt met een ondergeschikte. In de ogen van een waar spiritueel aspirant zijn meerderen, ondergeschikten en collega's allemaal verschillende vormen van God.

Denk nooit dat je slechts werkt voor je baas of voor een bedrijf. Doe je plicht met de houding dat je God dient. Op deze manier is je werk niet alleen maar een kwestie van tijdsbesteding om geld te verdienen; je zult oprecht en oplettend zijn in je werk. De eerste eigenschap die een spiritueel aspirant dient te ontwikkelen is perfecte *shraddha*[4] (totale toewijding en volledige aandacht) voor het werk waar je mee bezig bent.

We dienen altijd bereid te zijn meer werk te doen dan volgens de regels nodig is. Alleen zulk extra werk, dat wordt verricht zonder verlangen naar lof of een beloning, mag beschouwd worden als een vorm van onbaatzuchtig dienen.

Het zal je helpen je gedachten bij God te houden door een foto van je dierbare

---

[4] Het woord *shraddha* in het Sanskriet betekent geloof dat geworteld is in wijsheid en ervaring; in het Malayalam daarentegen wordt dezelfde term gebruikt om het aandachtige bewustzijn in iedere handeling aan te duiden.

godheid of spirituele meester op een duidelijk zichtbare plaats neer te zetten op je werkplek. Het is onnodig om je hiervoor te schamen. Jouw goede voorbeeld zal een inspiratie zijn voor anderen.

Gedachten als: 'Ik ben een belangrijk persoon. Hoe kan iemand als ik, die zo'n belangrijke positie in de samenleving bekleedt, naar een tempel gaan en tussen die dringende menigte bidden? Zou dat niet vernederend zijn?' komen voort uit het ego. Als de samenleving ons een diploma zou geven waarop staat hoe goed we zijn, dan schieten we daar niets mee op. Wat we nodig hebben is een diploma van God.

Karma Yoga

Met constante inspanning moeten we in staat zijn om onze mantra in gedachten te herhalen bij ieder soort werk. Alleen handelingen die gedaan worden terwijl we aan God denken of de handelingen die worden geofferd aan God, kunnen beschouwd worden als ware vorm van *karma yoga*. Het werk dat we verrichten met het idee dat het Gods werk is, zal geen enkele afhankelijkheid creëren. Waar we ook zijn, laat ons altijd de heilige naam herhalen en God en de spirituele meester eren.

Satsang

Heilig gezelschap

Wanneer je in plaats van je tijd te verspillen aan roddelen of films kijken, samenkomt in een tempel of ashram voor *satsang* en het zingen van devotionele liederen, dan zal dit niet alleen jezelf, maar ook je omgeving ten goede komen. Een andere mogelijkheid is je af te zonderen om te mediteren of hymnen te zingen. Schroom niet om vrienden en collega's uit te nodigen wanneer je *satsang* houdt.

Maak er een gewoonte van om eens per week samen te komen met andere volgelingen voor *archana*, *bhajans* (devotionele liederen) en meditatie. Dit kan op een vaste plaats of om de beurt bij iemand thuis.

Satsang

Wanneer je fruit of zoetigheid als *prasad* (gezegende offergave) uitdeelt, zullen ook kinderen geïnteresseerd raken in het bijwonen van deze bijeenkomsten. De spirituele cultuur die zij als kind opdoen, zal hun hele leven bij hen blijven. Degenen die de *satsang* bijwonen, kunnen ook een maaltijd met elkaar delen. Dat zal je gevoel van eenheid en een spirituele familie versterken. Het bidden en het verrichten van *archana* zal de schade die kan ontstaan als gevolg van negatieve planetaire invloeden, minimaliseren en ook de atmosfeer zuiveren. Door deel te nemen aan *satsang* zal je geest vol gedachten aan God zijn.

Het eigen huis

Laat God onderdeel worden van ieder aspect in je leven. Wie geen aparte gebedsruimte kan bouwen, kan een gedeelte van een kamer vrij maken voor *mantra japa*, meditatie en spirituele studie. Deze plek mag alleen gebruikt worden voor spirituele oefeningen. God dient niet gedegradeerd te worden naar een plek onder de trap. We dienen te leven als Gods dienaar en mogen God nooit op de plaats van een dienaar zetten.

Bij zonsondergang dient een lamp met geklaarde boter of plantaardige olie te worden aangestoken. Iedereen in het gezin dient samen te komen bij de lamp om hymnen te zingen en te mediteren. Het is niet nodig te proberen iemand te dwingen om hieraan deel te nemen. Maak er geen probleem van wanneer iemand weigert om mee te doen. In vroeger tijden in India was het gebruikelijk in ieder gezin om samen te bidden bij zonsondergang. Vandaag de dag raakt dit gebruik van samen bidden verloren en ondergaan we de consequenties van deze verwaarlozing. Tijdens de overgang van dag naar nacht is de atmosfeer onzuiver. Door meditatie en het zingen van devotionele liederen tijdens zonsondergang raakt onze geest op één punt gericht, wat onze geest en de atmosfeer zuivert. Wanneer we in plaats van dit te doen ons op dit tijdstip bezig houden met spelletjes, plezier en oppervlakkige gesprekken, zullen wereldlijke vibraties onze geest nog meer vervuilen.

We dienen er altijd naar te streven om een visie van eenheid in plaats van diversiteit te cultiveren. Het is onnodig om iets anders dan foto's van de dierbare godheid en de spirituele meester van het gezin in de meditatieruimte te plaatsen. De kamer dient dagelijks schoon te worden gemaakt en de foto's dienen te worden afgestoft.

Sommige mensen hebben speciale foto's van goden en godinnen die zij op feestdagen zoals Krishna's verjaardag of *Shivaratri* aan de muur hangen. Dat is geen probleem. Melk wordt met verschillende namen in verschillende talen aangeduid. Hoe de naam ook luidt, de smaak en kleur veranderen niet; het blijft dezelfde substantie. Ook al wordt God gekend onder vele namen, er is er maar Eén.

Het eigen huis

Het is goed om een foto van je spirituele meester of dierbare godheid op een zichtbare plek in iedere kamer te hangen. Het iedere dag afstoffen van de foto's zal je *shraddha* (aandacht) en devotie bevorderen.

In vroeger tijden had ieder huis in India een heilige tulasiplant, geplant op een speciale plek. Het was ook gebruikelijk om geurige bloemen te kweken voor het dagelijkse gebed. Tegenwoordig zijn dergelijke planten vervangen door decoratieve planten en cactussen. Dit weerspiegelt een verandering in het karakter van de mens. De tulasiplant en de bilvaboom worden als heilig beschouwd en men gelooft dat ze voorspoed brengen in het huis waar ze worden verzorgd en vereerd. Ze moeten elke dag water krijgen en steeds wanneer we het huis verlaten en weer terugkomen, dienen we deze planten met eerbied te groeten. Lang geleden raakten mensen 's ochtends bij het opstaan eerst Moeder Aarde eerbiedig aan voordat zij hun voeten na het opstaan op de grond plaatsten. Ze bogen neer voor de opkomende zon alsof het de belichaming van God en de gever van het leven was. Ze ervoeren Gods wezen in alles. Door die houding waren zij kalm, gelukkig en in goede gezondheid.

De tulasiplant en veel van de geurende bloemen die gebruikt worden voor het gebed, hebben helende eigenschappen. Wanneer zij bij huis worden gepland, zal dat de atmosfeer zuiveren. Wie genoeg

Het eigen huis

land om het huis heeft kan een kleine bloementuin aanleggen. Herhaal altijd je mantra wanneer je aan het tuinieren bent. Als je weet dat de bloemen bedoeld zijn voor aanbidding, zal dat je helpen je gedachten op God gericht te houden.

Ieder huishouden dient een gedeelte van zijn land te gebruiken voor het verbouwen van bomen en planten. Dit zal de omgeving zuiveren en de harmonie in de natuur in stand houden. Vroeger had ieder huis een boomgaard en een vijver ernaast. Iedereen in de nabije omgeving had hier profijt van.

De voorspoed van een huis hangt niet af van de uiterlijke pracht ervan, maar van de zuiverheid. Schenk dagelijks aandacht aan het brandschoon houden van je huis en de omgeving. Denk niet dat dit uitsluitend de taak van vrouwen is of van een specifiek persoon. Iedereen in het gezin dient samen te werken om het huis schoon te houden. Traditionele gebruiken dat men het huis niet met schoenen binnengaat en water naast de deur zet om de voeten te wassen voordat men naar binnen gaat, helpen om het gevoel van spirituele eerbied voor het huis te bewaren.

Behandel hulp in het huishouden met waardigheid. Kwets hun zelfrespect niet en geef hen geen etensresten te eten. We dienen hen te behandelen als onze eigen broers en zussen.

Het eigen huis

Beschouw de keuken als een plaats van aanbidding. Hij dient schoon en georganiseerd te worden gehouden. Was je 's ochtends altijd eerst voordat je met koken begint. Reciteer je mantra terwijl je het eten klaarmaakt als een offergave aan God. Stel je voor dat Hij de essentie van het eten ontvangt voordat het op tafel wordt opgediend. Voordat je 's avonds gaat slapen, dient de afwas te zijn gedaan en de keukenvloer te zijn geveegd. Zorg ervoor dat er geen eten onbedekt blijft staan.

Het is een goede gewoonte als ouders hun kinderen eerst een handvol te eten geven aan het begin van iedere maaltijd. Dit zal wederzijdse liefde en genegenheid in het gezin cultiveren. In de oude dagen in India, at de vrouw de overblijfselen van het bord van haar man en beschouwde zij dit als Gods *prasad*. In die dagen zag de vrouw haar man als een zichtbare vorm van God. Waar vind je een dergelijke relatie vandaag de dag nog? Alle mannen willen graag een vrouw hebben als Sita, de zuivere en perfecte vrouw van Koning Rama, maar niemand vraagt zich af of hijzelf ook leeft als Rama, die de belichaming van alle nobele deugden was.

Als je huisdieren hebt, begin dan nooit met eten voordat je ze te eten hebt gegeven. Ervaar God in ieder levend wezen en geef je huisdieren met deze houding te eten.

Iedereen in het gezin dient deel te nemen aan het huishoudelijke werk. Dit zal jullie

Het eigen huis

liefde voor elkaar versterken. Mannen mogen het werk in de keuken niet vermijden en denken dat dergelijk werk alleen voor vrouwen is bestemd. Ook kleine kinderen dienen taken te krijgen die ze kunnen uitvoeren.

Een simpele levensstijl

Ontwikkel onbaatzuchtigheid en beperk persoonlijke gemakken zoveel mogelijk. Probeer om een simpel leven te lijden en persoonlijke bezittingen te minimaliseren. Een spiritueel aspirant hoort geen genotzoeker te zijn.

Met een beetje aandacht kan iemand een hoop geld besparen dat anders zou worden uitgegeven aan het bouwen of kopen van een groot, luxueus huis. Vaak besteden mensen alles wat ze hebben gespaard hieraan en eindigen in schulden. Het is beter om in een bescheiden huis te wonen en ook andere vormen van luxe te vermijden. Wanneer je een huis van een fortuin wilt kopen of laten bouwen voor slechts

Een simpele levensstijl

---

vier of vijf personen, bedenk dan dat er vele dakloze, straatarme families zijn die de nacht op straat doorbrengen in de kou en de regen.

Het is beter om kleding met heldere patronen en felle kleuren te vermijden, zodat je niet al te veel aandacht trekt. Wanneer anderen hun aandacht op ons richten, raakt onze eigen aandacht afgeleid. We moeten proberen om ons eenvoudig te kleden en een simpele manier van leven ontwikkelen. Vrouwen dienen hun verlangen naar sieraden op te geven. Goede woorden en daden zijn de ware juwelen in het leven.

Gooi je oude kleren niet weg. Was ze en geef ze aan hen die het zich niet kunnen veroorloven om nieuwe kleding te kopen.

Handel altijd zonder de vruchten van je handelingen te verwachten. Verwachtingen zijn de oorzaak van alle leed. Wijd je leven aan God en vertrouw erop dat Hij je zal beschermen. Indien je een gezin hebt en je hebt de juiste houding, dan kun je leren om je volledig over te geven aan God. We dienen ons te realiseren dat onze vrouw of man en onze kinderen niet van ons zijn en wij niet van hen. Weet, zonder enkele twijfel, dat alles alleen aan God toebehoort. Dan zal Hij je van al je lasten verlossen. Hij zal je bij de hand nemen en je naar het doel leiden.

Voeding

Nog geen korrel van het voedsel dat we eten is louter door onze eigen inspanning gemaakt. Wat we krijgen in de vorm van voedsel is het harde werk van onze broeders en zusters, de overvloed van de natuur en Gods compassie. Zelfs als we miljoenen dollars hebben, dan hebben we nog steeds voedsel nodig om onze honger te stillen. We kunnen immers geen dollars eten. We dienen dus nooit iets te eten zonder eerst te bidden met een gevoel van nederigheid en dankbaarheid.

We dienen altijd te zitten als we eten en niet te staan of te lopen tijdens de maaltijd.

Richt je aandacht tijdens het eten niet alleen op de smaak van het voedsel. Stel je voor dat je dierbare godheid of spirituele meester in je aanwezig is en dat je hem te eten geeft. Wanneer je een kind te eten geeft, dan kun je je voorstellen dat je je dierbare godheid te eten geeft. Dat maakt eten tot een daad van verering. Praat niet tijdens het eten. Het gezin dient zo vaak als mogelijk samen te eten. Neem een beetje water in je rechter handpalm en reciteer de *bhojana* mantra[5] of je eigen mantra. Draai je hand vervolgens met de klok mee drie

---

[5] Om Brahmarpanam Brahma havir
Brahmagnau Brahmana hutam
Brahmaiva tena gantavyam
Brahma karma samadhinah
Om shanti shanti shanti
Brahman is het offer. Brahman is de gift. Door Brahman is het offer gegoten in het vuur van Brahman. Wie Brahman ziet in alle handelingen zal Brahman bereiken.

Voeding

keer over het eten en drink het water op. Doe je ogen dicht en bid enkele ogenblikken: 'O God, laat dit eten mij de kracht geven om Uw werk te verrichten en U te realiseren.'

Herhaal tijdens het eten altijd je eigen mantra in gedachten. Dit zuivert zowel het eten als je eigen geest.

De mentale houding van iemand die het eten bereidt, wordt overgebracht op degenen die het voedsel eten. Daarom dient de moeder zo vaak als mogelijk voor het hele gezin te koken. Wanneer zij onder het koken haar mantra reciteert, zal het eten iedereen op spiritueel niveau ten goede komen.

Beschouw je eten als een vorm van de Godin Lakshmi (de Godin van de voorspoed) en ontvang het met toewijding en eerbied. Voedsel is Brahman (het Absolute Wezen). Praat tijdens het eten nooit over iemands fouten of tekortkomingen. Nuttig het voedsel alsof het Gods *prasad* (een gezegend geschenk) is.

Je kunt je gedachten niet onder controle houden als je je verlangen naar smaak niet onder controle hebt. Je moet ervoor kiezen om liever gezonde voeding te eten dan eten dat lekker smaakt. Zonder de smaak van de tong op te geven kun je niet de ultieme smaak van het opbloeien van je hart ervaren.

Voeding

Wie aan spirituele oefeningen doet, dient erop te letten uitsluitend simpel, vers en vegetarisch voedsel te eten (*sattvisch* voedsel). Het is goed om bovenmatig zout, zoet, heet of zuur voedsel te vermijden. De aard van onze gedachten wordt bepaald door de subtiele essentie van het voedsel dat we eten. Zuivere voeding schept een zuivere geest.

Je ontbijt dient licht te zijn. Het is nog beter wanneer je het zonder ontbijt kunt doen. Eet een gewenste hoeveelheid tijdens de lunch en neem 's avonds enkel een lichte maaltijd.

Vul je maag niet volledig. Houd een kwart van je maag leeg. Dit helpt je lichaam om het voedsel goed te verteren. Wanneer je eet tot je amper nog kunt ademen, dan veroorzaakt dit spanning op het hart.

Overmatig eten schaadt niet alleen je spirituele oefeningen, maar ook je gezondheid. Geef de gewoonte op om tussendoor steeds een beetje te eten wanneer je er zin in hebt. Het nuttigen van je maaltijden op regelmatige tijden is goed voor je gezondheid en mentale beheersing. Eet om te leven. Leef niet om te eten.

Het is een goede gewoonte om in de weekenden een dag te vasten of om slechts één maaltijd op die dag te nemen en *mantra*

Voeding

japa en meditatie te doen, thuis of in een ashram. Als je geleidelijk van één maaltijd naar volledig vasten één keer per week gaat, zal dat je spirituele oefeningen bevorderen. Het is bovendien goed voor je gezondheid. Als het niet mogelijk is om volledig te vasten, eet dan alleen fruit op die dag. Het is ook goed om te vasten op de dagen van volle maan en nieuwe maan.

Eet niet tijdens de schemering. Dit is geen goed tijdstip om de maag te vullen. In de oude geschriften wordt gezegd dat Heer Vishnu de demon Hiranyakashipu doodde tijdens de schemering. De lucht is dan minder zuiver dan op welk ander tijdstip dan ook, dus rond die tijd dient men Gods naam te reciteren en de geest te vullen met goddelijke voeding.

Het is goed twee keer per maand een laxerend middel te nemen om de darmen grondig te reinigen, met name voor iemand die aan spirituele oefeningen doet. Ophoping van ontlasting in je lichaam vermindert je concentratie en vervuilt je gedachten.

Amma vraagt niet aan degenen die vlees en vis eten om hier in één keer mee op te houden; maar voor je spirituele oefeningen is het goed om geleidelijk op een zuiver vegetarisch dieet over te gaan. Het is erg moeilijk om in één keer van een gewoonte af te komen. Bestudeer je gedachten en breng ze beetje bij beetje onder controle.

Voeding

Iedereen weet dat roken en drinken je gezondheid schade toebrengen. Toch vinden de meeste mensen die zulke gewoontes hebben, het moeilijk om ze op te geven. Hoe kan iemand die zichzelf niet kan bevrijden van de greep van een sigaret er naar streven Zelfrealisatie te bereiken? Wie het roken niet in één keer kan opgeven, kan proberen om op een vervangend middel te kauwen, zoals kardemom of drop, of om wat water te drinken wanneer ze de drang om te roken voelen. Als je oprecht moeite doet, dan kun je het roken, of welke gewoonte dan ook, in korte tijd opgeven.

Thee en koffie kunnen je tijdelijk een opleving geven, maar het is slecht voor je gezondheid om er een gewoonte van te maken. Dus geef ook dat op.

Mijn kinderen, indien je de gewoonte hebt om alcohol te drinken, dan dien je een sterk besluit te nemen om ermee te stoppen. Alcohol verpest je gezondheid; het verzwakt je geest, het maakt je financieel kapot en het breekt de vrede in je gezin. Drink geen alcohol om je vrienden tevreden te stellen.

Gebruik geen bedwelmende middelen van welke soort dan ook. Dien de wereld in plaats van je gezondheid te verpesten door te roken en te drinken. Het geld dat aan deze zaken verspild wordt, kan in plaats daarvan gebruikt worden voor waardevolle zaken. Met het geld dat je uitgeeft aan sigaretten, zou je een kunstbeen kunnen kopen voor een kansarm persoon die een been heeft verloren; of je zou een oogoperatie kunnen betalen voor iemand met een cataract, of een rolstoel kunnen kopen voor een verlamd persoon. Je kunt zelfs spirituele boeken voor de plaatselijke bibliotheek kopen.

Wanneer je voedsel laat bederven of half gegeten weggooit, dan wordt de maatschappij beschadigd. Bedenk eens hoeveel mensen er lijden omdat ze zich niet eens één maaltijd per dag kunnen veroorloven. Kunnen we vrolijk een uitgebreid feestmaal eten wanneer onze buren honger lijden? We dienen de armen te helpen zoveel we kunnen. Het voeden van de hongerigen is niets anders dan het aanbidden van God.

Het huwelijksleven

Man en vrouw dienen elkaar lief te hebben en elkaar te dienen en ieder van hen dient God in de ander te zien. Op deze manier zullen zij het ideale echtpaar zijn, een voorbeeld voor hun kinderen en anderen.

Man en vrouw dienen samen te bidden, te mediteren, *mantra japa* te doen en spirituele teksten te lezen. Zij dienen de wereld onbaatzuchtig te dienen en van hun thuis een ashram te maken. Omdat ze zo samen vooruitgaan in hun spirituele oefeningen, zullen zij zeker verlossing bereiken.

Man en vrouw mogen elkaar niet hinderen op het spirituele pad. Geef je spirituele zoektocht nooit op, zelfs niet wanneer je echtgenoot dit afkeurt. Tegelijkertijd is het verkeerd om je van je verplichtingen af te wenden voor spirituele oefeningen. Amma heeft veel mensen dit zien doen en het is nooit goed. Wanneer er een taak is die je moet uitvoeren, dan dien je dit te doen terwijl je je gedachten op God gericht houdt. Wanneer je mediteert op het moment dat je moet werken, dan zul je geen vooruitgang maken. Voorkom dat je je partner pijn doet, ook al is hij of zij tegen je spirituele oefeningen. Bid in deze omstandigheden tot God dat Hij een verandering in het hart van je geliefde teweeg brengt, terwijl je aan de verplichtingen naar je gezin toe blijft voldoen.

Een stel dient zich op zijn minst twee tot drie dagen per week van seksueel contact te onthouden. Probeer geleidelijk om op het merendeel van de dagen celibatair te blijven. Vermijd seksueel contact bij volle maan en nieuwe maan en wanneer de vrouw haar maandelijks periode heeft. Wanneer je eenmaal één of twee kinderen hebt, ontwikkel dan de wilskracht om als broer en zus naast elkaar te leven. Dit is essentieel wanneer je optimaal wilt kunnen profiteren van je spirituele oefeningen en vooruitgang wilt maken op het pad.

Iedere keer wanneer je seksuele gemeenschap hebt, dien je je af te vragen: 'O geest, waar komt dit genot vandaan? Neemt dit niet gewoon al mijn energie weg?' Ieder genot dat op een andere manier wordt verkregen dan door het beheersen van de geest, verzwakt het lichaam. De relatie tussen man en vrouw dient een zuivere liefde vanuit het hart te worden, onaangeroerd door verlangens. Maak vooruitgang op het deugdzame pad, met je gedachten uitsluitend gericht op het Opperwezen.

Het is voldoende om slechts één of hooguit twee kinderen te hebben, maar niet meer dan dat. Als je minder kinderen hebt, ben je beter in staat hen met zorg op te voeden. Moeders dienen hun baby's borstvoeding te geven. Herhaal in gedachten Gods naam wanneer je je baby voedt: 'O God, breng dit kind groot opdat het de wereld kan dienen. Dit kind is van U. Geef dit kind nobele eigenschappen.' Dan zal het kind intelligent en succesvol in het leven worden.

Een getrouwde man dient geen verhoudingen met andere vrouwen te hebben. Noch dient een getrouwde vrouw een relatie met andere mannen te hebben.

Als er een verschil van mening in het gezin is, wees dan bereid om de kwestie dezelfde dag te bespreken en het probleem op te lossen, in plaats van het uit te stellen. Iedereen kan liefde voor liefde teruggeven, daar is niets groots aan. Maar probeer ook om liefde voor haat terug te geven. Dit alleen is de ware maatstaf voor onze grootsheid. Alleen wanneer we anderen kunnen vergeven en hun fouten en tekortkomingen kunnen accepteren, zal er vrede in het gezin heersen. Om het karakter van een kind op de juiste manier te vormen, is het

Het huwelijksleven

essentieel dat de ouders een voorbeeldig leven leiden. Als de ouders niet het goede voorbeeld aan hun kinderen geven, hoe kunnen zij hun kinderen dan op de juiste wijze opvoeden?

Kinderen die tijdens de schemering worden verwekt, kunnen geestelijk misvormd blijken. Wereldse gedachten zijn op dit tijdstip op hun hoogtepunt; om deze reden is het des te meer noodzakelijk om te bidden en *archana*, *mantra japa* en *meditatie* te beoefenen tijdens de schemering.

Vanaf het moment dat de vrouw drie tot vier maanden zwanger is, dienen zij en haar man strikt celibatair te blijven. Vermijd iedere discussie, films of tijdschriften die wereldse passies en verlangens kunnen oproepen. Lees spirituele boeken, mediteer en herhaal je mantra iedere dag. De gedachtegolven en de emoties van een zwangere vrouw hebben een diepe invloed op het karakter van het kind in haar baarmoeder.

Kinderen opvoeden

We dienen kinderen tot aan hun vijfde jaar heel veel liefde te geven. Vanaf hun vijfde tot aan hun vijftiende dienen we hen met strikte discipline op te voeden, vooral met betrekking tot hun studie. In deze periode wordt de basis van hun leven gevormd. Liefde zonder discipline zal hen alleen verwend maken. Na hun vijftiende moeten we hun zo veel liefde als mogelijk geven, anders kunnen zij ontsporen.

Veel tieners hebben Amma verteld dat zij ontspoord zijn omdat zij thuis helemaal geen liefde ontvingen. In hun tienerjaren, wanneer kinderen naar liefde hunkeren, kunnen de ouders op hen schelden en hen streng straffen om hen discipline bij te brengen. Ze staan niet toe dat hun tienerkinderen dicht bij hen komen, laat staan dat ze hen liefde of affectie tonen.

Overmatig lief en toegevend zijn tegen kinderen op de leeftijd dat hun discipline dient te worden bijgebracht, zal hen verwend en onverschillig tegenover hun studie maken. Maar wanneer ze ouder zijn, dienen ze niet streng berispt te worden. Zij moeten op hun fouten gewezen en gecorrigeerd worden door rede en logica.

Ouders dienen op vroege leeftijd te beginnen hun kinderen over spiritualiteit te leren. Ook al zouden de kinderen slechte gewoontes aannemen wanneer ze opgroeien, de goede indrukken die ze tijdens hun jeugd kregen, zullen in hun onderbewuste blijven sluimeren en zullen hen op den duur weer terug op het rechte pad brengen.

Scheld niemand uit en spreek over niemand kwaad in het bijzijn van een kind, want het kind zal je nadoen. Rijkdom kan vandaag komen en morgen verdwenen zijn, maar goed gedrag gaat een leven lang mee. Degenen die rijk zijn dienen er daarom zeker van te zijn dat hun kinderen nederig en zelfstandig opgroeien.

Kinderen dient te worden geleerd om nederig tegenover hun leraren en alle spirituele meesters te zijn. Vooral leren op spiritueel gebied zal alleen vruchtbaar zijn wanneer het geplant is in de grond van nederigheid. Er zijn mensen die van mening zijn dat schoolgaande kinderen geen ander werk hoeven te verrichten, maar dat is niet waar. Alleen schoolonderwijs is verre van toereikend als voorbereiding op het leven. Het kind dient ook te leren om zijn ouders te helpen met alle taken in huis.

Er was een tijd dat kinderen liefde en respect voor hun ouders en ouderen toonden.[6] Deze traditie is grotendeels verloren gegaan. Ouders dienen het voorbeeld aan

---

[6] In India is het gebruikelijk om de voeten van je ouders, ouderen, monniken en de Guru met beide handen aan te raken, als teken van respect. Vroeger werd dit in ieder gezin, door ieder kind gedaan als de eerste handeling bij het opstaan 's ochtends of bij het vertrek van huis naar school.

Kinderen opvoeden

hun kinderen te geven door liefdevol en respectvol voor hun eigen ouders te zijn. Hoe kan er van een kind verwacht worden dat hij enig respect voor zijn ouders toont, wanneer de ouders zelf hun eigen ouders verwaarlozen en hen geen enkel respect tonen? Ouders dienen altijd het goede voorbeeld aan hun kinderen te geven.

Wanneer je van huis weggaat voor een boodschap, toon dan eerst je respect aan de ouderen voordat je vertrekt. Kinderen dienen er een gewoonte van te maken eerst hun ouders gedag te zeggen voordat ze 's ochtends naar school gaan. Het zijn bescheidenheid en nederigheid die de enade van God naar ons toe zullen trekken.

De mentale volwassenheid van een kind is afhankelijk van de vorming door de volwassenen om hem heen. De ouders, en eventuele andere ouderen in het huis, dienen het onderwijs van het kind nauwlettend in de gaten te houden. Zij die zelf geschoold zijn, moeten het kind zoveel mogelijk met het huiswerk helpen. Laat de verantwoordelijkheid niet geheel bij de leraar liggen. Indien je kind schoolvrienden in de buurt heeft, dan kun je die uitnodigen en ze gezamenlijk lesgeven. Dit is wat goede buren behoren te doen. Maak je niet blij om de tekortkomingen van het kind van je buren en wens niet dat alleen je eigen kinderen verzekerd zijn van de hoogste cijfers.

Kinderen opvoeden

Kinderen moeten ouderen respecteren. Ze moeten opstaan wanneer ouderen de kamer binnen komen en pas gaan zitten wanneer de ouderen zijn gaan zitten. Zij dienen ouderen beleefd te beantwoorden en hun aanwijzingen te gehoorzamen. Ze moeten zich ervan weerhouden ouderen voor de gek te houden, hun stem tegen hen te verheffen of ruzie met hen te maken. Dit alles is essentieel voor het welzijn van het gezin. Op dezelfde manier dienen de volwassenen, wanneer een klein kind toestemming vraagt om naar buiten te gaan, hun toestemming te geven met een liefdevolle kus. Een kind moet het gevoel hebben dat men van hem houdt. Onze liefde voor het kind mag niet als honing zijn die diep in een steen verscholen zit.

Ouders die slaapliedjes zingen en verhaaltjes aan hun kinderen vertellen voordat ze naar bed gaan, dienen hiervoor hymnen en spirituele verhalen te gebruiken. Dat zal de kinderen helpen om hun gedachten bij God te houden en hun spirituele cultuur zal zich diep verankeren in hun onderbewuste. Wees tevens selectief in het uitzoeken van boeken voor hen.

We moeten kinderen opvoeden met begrip van hun cultuur en ze moet leren hier trots op te zijn. Ze dienen een naam te krijgen die hun cultuur weerspiegelt en ons herinnert aan God en de spirituele meesters. Vervul de kinderen van jongs af aan met gevoelens voor God door het vertellen van verhalen over de goddelijke incarnaties en de heiligen. Vroeger leerde iedereen in

Kinderen opvoeden

India vanaf jonge leeftijd Sanskriet, de taal van de geschriften. Dit hielp de mensen om de kern van spiritualiteit van jongs af aan in zich op te nemen. Zelfs degenen die de geschriften niet direct zelf hadden geleerd, leidden hun levens gebaseerd op spirituele principes, omdat zij omgingen met mensen die de geschriften hadden geleerd.

Vanaprastha

Pensioen

Wanneer de kinderen eenmaal zijn opgegroeid en voor zichzelf kunnen zorgen, dienen hun ouders naar een ashram te gaan en een spiritueel leven te leiden. Daar dienen ze aan hun spirituele groei te werken door te mediteren, *mantra japa* te doen en onbaatzuchtig te dienen. Om deze omschakeling in het leven mogelijk te maken is het van belang om een sterke verbintenis met God, en met God alleen, te ontwikkelen, vanaf het allereerste begin van het spirituele leven. Zonder die spirituele band zal de geest zich vastklampen aan al zijn gehechtheden: op de eerste plaats aan onze kinderen, dan aan onze kleinkinderen, enzovoorts. Deze vorm van vastklampen is zinloos voor ons en voor onze kinderen. Onze levens zullen verloren gaan als we het laten voortbestaan. Wanneer we ons leven daarentegen richten op spirituele oefeningen, dan zal de spirituele kracht die we hiermee verwerven ons en de wereld helpen. Ontwikkel daarom de gewoonte je gedachten af te halen van de talloze zaken in de wereld en richt je naar binnen, naar God toe. Als we dezelfde olie steeds opnieuw overgieten in verschillende vaten, dan verspillen we steeds wat olie iedere keer dat we die overgieten. Wanneer we ons aan veel dingen hechten, dan verliezen we op dezelfde manier het beetje spirituele kracht dat we hebben. Door water te verzamelen in een opslagtank, kan het alle kranen gelijkmatig bereiken. Op dezelfde manier zullen, door onze gedachten onder het werk constant op God gericht te houden, de gunsten die we hierdoor verkrijgen, iedereen in het gezin bereiken. Het ultieme doel in het leven mag niet zijn zo veel mogelijke rijkdom vergaren voor onszelf en voor onze kinderen. Het doel van het leven moet zijn ons te richten op onze spirituele ontwikkeling.

Diversen

Zelfs wanneer je een miljoen dollar verliest, kun je dat terugkrijgen. Maar wanneer je één seconde verliest, krijg je die nooit meer terug. Ieder moment dat je niet aan God denkt, is onherroepelijk voor je verloren.

De ziel is God. Ware soberheid is handelen met een ononderbroken bewustzijn van God.

Meditatie en het reciteren van een mantra zijn niet de enige vormen van spirituele oefeningen. Onbaatzuchtig dienen is ook een spirituele oefening en is de eenvoudigste manier voor het ontvouwen van het Zelf. Wanneer je bloemen koopt voor een vriend, dan ben jij degene die als eerste kan genieten van de schoonheid en geur. Op dezelfde wijze ontwikkelt ons hart zich door het onbaatzuchtig dienen van anderen en zijn wij de eersten die hier blij van worden.

Het beoefenen van *pranayama* (controleren van de adem) kan tot problemen leiden als men geen strikt celibatair leven leidt. Men dient *Pranayama* uitsluitend onder toezicht van een ware meester te beoefenen.

Kijk niet naar de fouten en tekortkomingen van anderen en praat niet over dergelijke dingen. Probeer altijd om alleen het goede in iedereen te zien. Wanneer je je hand verwond, dan geef je niet je hand hiervan de schuld. Je doet een medicijn op de wond en verzorgt die met veel aandacht. We moeten anderen dienen met diezelfde intensiteit, zonder hen hun fouten kwalijk te nemen.

Wanneer je in een doorn stapt, zal geen enkele hoeveelheid tranen de doorn of de pijn verwijderen. Je moet de doorn eruit trekken en medicijnen op de wond smeren. Het is even zinloos te huilen om de denkbeeldige dingen in de wereld die je pijn doen. Als je daarentegen om God huilt, zal dit je geest zuiveren en zul je de kracht vinden om alle obstakels te overwinnen. Dus, mijn lieve kinderen, geef alles over aan God en wees sterk! Wees moedig!

Huilen om God is geen zwakte. Onze tranen voor God wassen alle onzuiverheden, in de vorm van slechte gewoontes die gedurende vele levens zijn opgebouwd, weg. Net zoals een smeltende kaars feller en met meer glans brandt, zullen je tranen voor God je spirituele groei intensiever maken en versnellen. Wanneer je daarentegen om wereldse zaken of om je familie weent, neemt dit je kracht weg je en word je zwak.

Wat je ook doet, je moet begrijpen dat je alleen door Gods kracht in staat bent om überhaupt te handelen. Vaak zie je verkeersborden met reflecterende verf. Wanneer het licht op de verf valt, reflecteert de verf het licht en licht het bord op. Op dezelfde manier is het alleen door Gods kracht mogelijk dat we kunnen functioneren. We zijn enkel instrumenten in Gods handen.

Om iedere korrel in een hand vol zand te tellen of om een rivier over te steken, balancerend op een touw, heb je veel concentratie en oplettendheid nodig. Je moet diezelfde hoeveelheid concentratie en oplettendheid hebben in alles wat je doet.

Ahimsa (geweldloosheid) moet de gelofte van onze levens zijn. *Ahimsa* beoefenen betekent dat je geen enkel wezen op de minste manier pijn doet, in gedachten, woorden of daden.

Alleen door onze hart te openen kunnen we Gods gelukzalige wereld vinden te midden van deze wereld vol pijn. Zonder de geest van vergiffenis en nederigheid kunnen we God niet kennen of de genade van de guru verdienen. Moed is nodig om anderen te vergeven, vooral in situaties waarin je op het punt staat om je geduld te verliezen. Wanneer je op het knopje van een paraplu drukt, gaat die open en beschermt je tegen de regen en de zon. Maar wanneer het knopje weigert te bewegen, dan gebeurt er niets. Als een zaadje onder de grond gaat, dan ontkiemt het en wordt het een boom. Aan die boom kun je zelfs een olifant vastmaken. Maar wanneer het zaadje weigert om zich over te geven, wanneer het weigert om uit het mandje te gaan en onder de grond te gaan, dan eindigt het mogelijk als voer voor een muis.

Mijn kinderen, wanneer je echt van Amma houdt, dan zul je Amma in alles en iedereen zien en zul je van hen allemaal houden zoals je van Amma houdt.

Godsrealisatie en Zelfrealisatie zijn hetzelfde. Als je God hebt gerealiseerd, heb je een hart zo wijd dat je van alles en iedereen evenveel houdt.

Verklarende woordenlijst

Ahimsa: 'Zonder mishandeling, zonder geweld'. Geen enkel levend wezen pijn doen door gedachten, woorden of daden.

Archana: 'Offeren in gebed.' Een vorm van verering waarin de namen van een godheid worden gereciteerd, gewoonlijk 108, 300 of 1000 namen in één sessie.

Ashram: 'Plaats van streven'. Een plek waar spirituele zoekers en aspiranten wonen of een bezoek brengen om een spiritueel leven te leiden en spirituele oefeningen te doen. Meestal is dit het huis van een spirituele meester, heilige of asceet die de aspiranten leidt.

Bhagavad Gita: 'Gods Lied'. *Bhagavad* = Gods; *Gita* = lied, in het bijzonder raad. De leer die Sri Krishna aan Arjuna gaf op het slagveld van Kurukshetra aan het begin van de Mahabharata-oorlog. Het is een praktische gids voor het dagelijks leven en bevat de essentie van de Vedische wijsheid.

Brahman: De Absolute Werkelijkheid; het Geheel; het Opperwezen, dat alles omvat en alles doordringt en Eén en onverdeeld is.

Bhajan: Devotioneel lied.

Dharma: 'Dat wat het universum in stand houdt.' *Dharma* heeft veel betekenissen, waaronder goddelijke wil, wet van het bestaan, in overeenstemming met de goddelijke harmonie, gerechtigheid, religie, plicht, verantwoordelijkheid, deugd, rechtvaardigheid, goedheid, waarheid. *Dharma* is het innerlijke principe van religie. De ultieme *dharma* van een mens is zijn ingeboren Goddelijkheid te realiseren.

Guru: 'Iemand die het duister van onwetendheid verdrijft'. Spirituele meester, gids.

Gurukula: Een ashram met een levende guru, waar discipelen bij een guru wonen en studeren.

Japa: Zie *mantra japa*.

Kali yuga: Het huidige donkere tijdperk van materialisme en onwetendheid.

Karma: Handeling, daad.

Kirtan: hymne, lofzang.

Lalita Sahasranama: De duizend namen van de Universele Moeder in de vorm van Lalitambika. De *Sahasranama* is duizenden jaren geleden samengesteld door de Rishi's.

Lalitambika: Een naam van de Goddelijke Moeder.

Verklarende woordenlijst

Mahabharata: Een epos over het conflict tussen de twee verwante koninklijke families, de Pandava's en de Kaurava's, en de grote oorlog die tussen hen plaatsvond bij Kurukshetra. De Mahabharata, dat het langste epos ter wereld is, is zo'n 5000 jaar geleden geschreven door de heilige Vyasa. Het kan het beste uitgelegd worden als een symbolisch verhaal over de strijd tussen goed en kwaad.

Mahatma: 'Grote ziel.'

Mala: Rozenkrans, meestal gemaakt met kralen van rudrakshazaden, tulasihout of sandelhout.

Mantra: Heilige formule of gebed dat constant herhaald wordt. Dit maakt de latente spirituele krachten wakker en helpt om het doel te bereiken. Het is het effectiefst wanneer het verkregen wordt van een echte spirituele meester tijdens een initiatie.

Mantra Japa: Herhaling van een mantra, gebed of een naam van God.

Maunam: Stilte bewaren.

Ojas: Seksuele energie die door spirituele oefeningen in subtiele vitale energie omgezet wordt.

Prasad(am): Gezegende offergave uitgedeeld na de verering. Ook wat een *mahatma* als teken van zijn zegening geeft, kan als *prasad* beschouwd worden.

Pranayama: Het beheersen van de geest door het beheersen van de ademhaling.

Ramayana: 'Het leven van Rama.' Een groot Indiaas episch gedicht dat het leven van Sri Rama beschrijft, geschreven door Valmiki. Rama was een incarnatie van Vishnu. Een groot gedeelte van het epos vertelt hoe Sita, de vrouw van Rama, werd ontvoerd en naar Sri Lanka gebracht door

Verklarende woordenlijst

Ravana, de demonische koning, en hoe zij door Rama en zijn volgelingen gered werd.

Samsara: De wereld van pluraliteit; de cyclus van geboorte, dood en wedergeboorte.

Sannyasi of **sannyasini:** Een monnik of non die formele geloften van onthouding heeft afgelegd. Een *sannyasi(ni)* draagt traditioneel een okerkleurig gewaad dat het wegbranden van alle gehechtheid representeert.

Satguru: Een gerealiseerde spirituele meester.

Satsang: *Sat* = waarheid, *sanga* = omgang met. In het gezelschap verkeren van wijze en deugdzame personen. Ook een spiritueel betoog van een heilige of geleerde.

Sattva: Goedheid, zuiverheid, sereniteit. Eén van de drie guna's of fundamentele kwaliteiten van de natuur.

Shraddha: In het Sanskriet betekent *shraddha* vertrouwen dat is verankerd in wijsheid en ervaring. Dezelfde term betekent in het Malayalam toewijding aan je werk en aandachtig bewustzijn in iedere handeling. Amma gebruikt de term vaak in de laatstgenoemde betekenis.

Suryanamaskar: 'Zonnegroet.' Yoga-oefening waarbij *yoga-asana's* en *pranayama* worden gecombineerd.

Tulasi: Een heilige plant verwant aan basilicum.

Vanaprastha: De solitaire levensfase. Volgens de oude Indiase traditie zijn er vier levensfases. Eerst wordt het kind naar een *gurukula* gestuurd, waar hij of zij het leven van een *brahmachari* leidt. Vervolgens trouwt hij of zij en leidt een gezinsleven, toegewijd aan het spirituele leven (*grihasthashrami*). Wanneer de kinderen van het stel oud genoeg zijn om voor zichzelf te zorgen, trekken de ouders zich terug in een hermitage of ashram, waar zij een geheel spiritueel leven leiden en spirituele oefeningen doen. In de vierde fase van hun leven geven zij de wereld compleet op en leiden zij het leven van een *sannyasi*.

Vasana: (Van *vas* = leven, blijven) *Vasana's* zijn de sluimerende neigingen of subtiele verlangens in de geest die de neiging hebben zich te manifesteren in handelingen en gewoontes. *Vasana's* zijn de verzamelde resultaten van de indrukken van ervaringen (*samskara's*) die in ons onderbewuste aanwezig zijn.

www.ingramcontent.com/pod-product-compliance
Lightning Source LLC
Chambersburg PA
CBHW060158050426
42446CB00013B/2887